Collection dirigée par Lidia Breda

Du même auteur
dans la même collection

*Comment tirer profit de ses ennemis*

# Comment écouter

Couverture : Piero della Francesca, *Histoire des Adamites*, détail


106, bd Saint-Germain – 75006 Paris

ISBN : 2-86930-890-6
ISSN : 1158-5609

PLUTARQUE

# Comment écouter

Traduction du grec et postface
de Pierre Maréchaux

Rivages poche
Petite bibliothèque

Le texte grec que nous avons suivi est celui de la *Collection des Universités de France, Œuvres morales,* tome I, 2e partie, Paris, Belles Lettres, 1989.

## 1

*L'écoute, condition nécessaire de tout apprentissage.*

Je t'envoie, cher Nicandre[1], la conférence que j'ai faite sur l'art d'écouter ; je l'ai retranscrite. Grâce à elle, tu sauras écouter, comme il faut, ceux qui veulent te convaincre, maintenant que, sorti des mains de tes maîtres, tu as pris la toge virile. Car le laxisme, qu'une certaine jeunesse mal élevée confond avec la liberté[2], laisse libre cours au pouvoir de despotes bien plus intraitables que les maîtres d'école et les pédagogues de l'enfance : ces puissantes passions qui, pour ainsi dire, brisent leurs chaînes. Si les femmes, au dire d'Hérodote[3], abandonnent leur pudeur en même temps que leur robe, certains adolescents, au sortir de la toge prétexte, renoncent à la pudeur et à la crainte, et remplacent par la licence cette sage retenue qui faisait leur ornement. Mais toi, à qui l'on a souvent dit que suivre la raison[4] c'est obéir à la divinité, sois assuré que le passage de l'enfance à l'âge d'homme est pour les garçons sensés non une entière indépendance, mais un changement de directeur spirituel. Au lieu d'un professeur stipendié[5], c'est un guide divin de la vie que l'on se donne : la raison. Et pour ceux qui la pratiquent, c'est à dépendre d'elle que consiste la liberté, car seuls pour avoir appris à vouloir ce qu'il faut, les hommes vivent comme ils veulent[6]. Au contraire, les volontés[7] désordonnées, les actions contraires à l'éducation et à la raison ne laissent à l'homme qu'une volonté faible et sporadique, qui s'exerce au milieu d'intentions sans assises.

## 2

*L'ouïe est l'organe de la sagesse.*

Mais parmi ceux qui sont inscrits sur les registres civils, les uns, nés ailleurs et complètement étrangers, se plaignent de presque tous les actes des magistrats, tandis que ceux qui sont nés dans le pays, qui y ont été élevés, qui y ont pris leurs habitudes, acceptent sans humeur les prescriptions[8] de la loi pour ce qui les concerne et savent s'en accommoder. Il faut donc donner aux enfants, avec les connaissances propres à leur âge, un avant-goût de la philosophie, afin qu'ils entrent, pour ainsi dire, tout apprivoisés par un long usage, dans l'étude de cette science. Elle seule peut donner à la jeunesse les ornements de l'âge fait[9], c'est-à-dire ceux, intacts, de la raison. Je crois donc que tu recevras avec plaisir ces leçons dont le but est de former à la sagesse celui de nos sens naturels, qui, selon Théophraste[10], donne plus d'entrée aux passions : la perception par l'ouïe. La vue, le toucher et le goût font éprouver à l'âme des troubles et des frayeurs moins violents que ceux que lui causent les sons et les fracas et les cris qui frappent les oreilles. Mais cet organe est encore le plus propre à la raison que pour les passions. Le vice trouve plusieurs de nos sens ouverts pour se glisser par eux jusqu'à notre âme et pour s'en emparer. La vertu n'a d'autre entrée que l'organe de l'ouïe, pour s'insinuer dans le cœur des jeunes gens[11]. Avec quelle attention faut-il donc la conserver pure, en écarter dès l'enfance le souffle corrupteur de la flatterie et la contagion des mauvais discours ? Xénocrate[12] voulait qu'on couvrît les oreilles des jeunes gens avec plus de soin qu'on ne faisait de celles des lutteurs. Ceux-ci, disait-il, n'ont à craindre que des meurtrissures, et les autres trouvent dans des conseils perfides la dépravation de leurs mœurs. Ce n'est pas qu'il leur ordonnât de fermer l'oreille à tous les discours ; ce qui serait peu différent d'une entière surdité. Il leur conseillait seulement d'en écarter toute parole immorale jusqu'à ce que la philosophie y eût établi ses sages maximes, qui seraient comme autant de gardes fidèles[13], destinés à conserver une place trop facile à se rendre. Amasis fit dire à Bias[14] de prendre dans la chair d'une victime ce qu'il croyait le meilleur et le plus mauvais. Le Philosophe en ôta la langue et la lui adressa : il voulait lui faire entendre que la parole est ce qu'il y a de plus dangereux à la fois et de plus utile. D'ordinaire, lorsque nous embrassons les petits enfants, nous les prenons par les oreilles[15] et nous leur disons de nous saisir aussi par là, pour insinuer, par ce badinage, qu'il faut aimer surtout ceux de qui l'on profite... par les oreilles. En effet, un jeune homme qui n'entendrait jamais des discours propres à l'instruire, non seulement ne porterait aucune pousse, aucun fruit de vertu, mais il donnerait nécessairement dans tous les vices. Il verrait sortir en foule de son cœur, comme d'une terre en jachère et inculte, les plantes les plus sauvages. C'est là une conséquence évidente : car le penchant pour la volupté et l'aversion du travail ne sont pas des germes étrangers instillés en nous par les discours, ce sont des sentiments innés, qui deviennent la source d'une infinité de passions et de maladies. Si donc à ces sentiments on laisse toute liberté de s'étendre là où ils ont germé, si de sages discours ne les font disparaître ou ne les détournent en corrigeant la nature, il n'est point de bête sauvage qui ne soit évidemment moins farouche que l'homme[16].

## 3

*Sur la manière d'écouter.*

Aussi, en raison de la grande utilité et du danger non moins grand que l'audition présente à la jeunesse, je pense qu'il est bon de converser fréquemment sur cette matière en méditant ou en dialoguant. Or, à cet égard, combien de gens se font du tort, parce qu'ils veulent s'exercer à discourir, avant d'avoir su tirer les fruits d'une leçon d'écoute[17]. Ils se figurent que l'usage de la parole requiert apprentissage et pratique tandis que l'audition, elle, est une éternelle source de profit, quelle que soit la manière de s'en servir. Pourtant, ceux qui veulent bien jouer à la paume n'apprennent-ils pas à recevoir et à renvoyer la balle comme il faut ? De même quand on écoute quelqu'un qui nous instruit, le premier devoir est de bien entendre ce qu'il dit, le second d'y répondre à propos, comme la conception et la grossesse précèdent l'enfantement. Lorsque les oiseaux pondent des œufs sans germe, appelés « œufs conçus par le vent[18] », on dit qu'il n'en résulte que des débris imparfaits et des embryons inanimés. De même, quand les jeunes gens ne savent pas écouter et qu'ils n'ont pas été habitués à tirer quelque profit de l'audition, leur parole est comme un œuf sans germe. Ce sont mots

« Dispersés dans les airs, stériles,
[insaisissables[19]. »

Il n'est personne qui, pour verser une liqueur d'un vase dans un autre, ne les incline tous les deux, et n'adapte ensemble les ouvertures, afin que rien ne se répande. Mais peu de gens savent ainsi s'accommoder à une personne instruite qui leur parle, et lui prêter assez d'attention, pour ne rien laisser échapper de ce qu'elle dit d'utile. Et ce qui est le comble du ridicule, s'ils rencontrent quelqu'un qui leur fasse le récit d'un souper, d'une cérémonie, d'un songe ou d'une altercation injurieuse qu'il vient d'avoir, ils l'écoutent en silence et supplient le conteur d'achever son récit. Mais si un autre personnage, après avoir attiré à soi des auditeurs, entreprend de leur enseigner quelque vérité utile, de les avertir de leurs devoirs, de les réprimander sur leurs fautes, d'adoucir leur humeur chagrine, ils n'ont garde de l'écouter. Et même, pour peu qu'ils en soient capables, ils contredisent avec chaleur les propos du raisonneur, ils tâchent de rester victorieux dans la discussion, et s'ils n'y peuvent réussir, ils prennent la fuite et vont écouter ailleurs des propos différents et frivolissimes.

Leurs oreilles semblables à ces vases usagés et ébréchés se remplissent de tout, excepté de ce qu'il leur importerait de savoir. Un bon écuyer s'applique à former la bouche de sa monture pour la rendre obéissante au frein. De même un sage éducateur rend son élève docile à la raison. Il l'accoutume à beaucoup écouter et à parler peu. Spintharos[20] louait Épaminondas en ces termes :

« Il me fut difficile de rencontrer quelqu'un qui fût plus savant que lui et qui parlât si peu. » On dit encore que la nature, en nous donnant deux oreilles et une seule langue, voulut nous obliger à moins parler pour mieux entendre.

## 4

### *L'éloge du silence.*

En toute circonstance, le silence est pour le jeune homme un ornement assuré[21], et surtout lorsqu'il entend parler quelqu'un d'autre. Il ne doit pas se troubler, ne pas se récrier à chaque parole. Même si le discours ne lui plaît guère, il faut qu'il se contienne et attende que son interlocuteur ait fini de parler. Quand celui-ci a terminé, l'auditeur se gardera de reprendre tout aussitôt la parole : et, comme dit Eschine [22], il laisse quelques instants d'intervalle, soit que l'autre veuille ajouter quelques mots à ce qu'il a dit, soit qu'il ait à y faire des changements et des suppressions. Mais interrompre à brûle-pourpoint, ne savoir pas davantage écouter qu'on ne sait se faire entendre soi-même, parler quand parle un autre, c'est manquer à toute bienséance. Quand on s'est fait l'habitude d'écouter avec beaucoup de maîtrise et de réserve, on saisit, on retient ce qu'un discours a de bon et d'intéressant. On discerne plus sûrement ce qu'il a d'utile ou de faux. On voit qu'il recherche la vérité, qu'il n'est ni agressif, ni infatué, ni acariâtre. Aussi quelques-uns ont dit à bon escient qu'il vaut mieux chasser jactance et orgueil de l'esprit des jeunes gens que de vider l'air des outres, lorsqu'il est question d'y verser quelque substance bénéfique.

Sans cela, plein d'enflure et de vent, cet esprit ne reçoit rien.

## 5

*Ce qu'est une écoute complaisante.*

La rivalité accompagnée de jalousie et de mauvaise volonté secrète ne peut jamais être d'aucune utilité : elle est même un obstacle à toute espèce de bien. Mais c'est surtout pour un auditeur qu'elle est le conseiller et l'assesseur le plus dangereux. Rien n'afflige tant un envieux que d'entendre bien parler. Et cette disposition lui rend odieux et insupportables des discours qui pourraient lui être infiniment utiles. Le chagrin que nous causent la richesse, la gloire et la beauté des autres, fait proprement la passion de l'envie[23] ; elle s'attriste du bien qu'un autre possède. Mais se déplaire à entendre bien parler, c'est s'affliger de son propre avantage. Car le discours est pour celui qui sait en profiter ce que la lumière est pour les yeux. Les autres espèces d'envies sont produites par des affections désordonnées de l'âme qui leur sont analogues. Celle qu'on porte à un homme qui parle bien a pour principe un vain désir de gloire, un amour injuste de la supériorité : et tels sont ses effets sur celui qui en est possédé, qu'il ne saurait prêter à ce qu'on dit la plus légère attention. Le trouble intérieur qui l'agite distrait à tout moment ses pensées. Il examine sa propre capacité, la compare avec le talent de celui qui parle, pour voir s'il lui est supérieur. Il observe les assistants, il étudie leurs dispositions. Les voit-il admirer et applaudir ? Ces éloges qui l'humilient lui font concevoir contre eux un secret dépit. Il oublie tout ce qu'on dit à mesure qu'il l'entend, parce que le souvenir l'en afflige. Il tremble que la suite ne soit encore meilleure. Il n'est jamais si pressé de voir finir le discours que lorsqu'il est plus intéressant. A peine est-il terminé que, sans penser un instant à ce qu'il vient d'entendre, il ne s'occupe qu'à reconnaître de quelle manière les auditeurs sont disposés. A compter, pour ainsi dire, leurs suffrages, en voit-il qui louent l'orateur ? Il les évite, il les évite avec une force d'emportement. En est-il qui le blâment, qui prennent de travers ses paroles ? C'est à ceux-là qu'il court avec empressement, pour faire chorus avec eux. S'il ne trouve rien à reprendre dans le discours, il compare l'orateur avec d'autres plus jeunes que lui, qui se sont exercés sur le même sujet, et l'ont, selon lui, traité d'une manière bien supérieure. C'est ainsi que sa jalousie corrompt, annihile les plus beaux discours et les lui rend entièrement inutiles.

## 6

*De l'admiration et du mépris qui président à l'audition des discours.*

Il faut donc que l'amour-propre fasse trêve avec le désir d'écouter et que l'on prête à celui qui parle une attention propice et bienveillante, comme si l'on était admis à un banquet sacré ou aux cérémonies qui précèdent un sacrifice. Il faut louer l'aptitude de tel orateur quand il a réussi et lui savoir gré de son zèle à nous communiquer ce qu'il sait, à nous faire goûter les raisons qui ont servi à le persuader lui-même. Si la faveur générale l'accueille, n'imaginons pas, au reste, que de tels succès élocutoires lui naissent spontanément et comme par hasard. Il les doit à son travail, à son application et le fruit de l'admiration qu'ils nous causent doit être de les imiter. Si au contraire l'orateur a échoué, on doit s'appliquer à rechercher avec soin les causes de sa chute. Un administrateur émérite, dit Xénophon[24], tire parti de ses amis et de ses ennemis. De même, un auditeur attentif profite des bons et des mauvais discours : la bassesse de la pensée, la vacuité de la parole, une contenance déplaisante, l'espèce de frénésie et la satisfaction maladroite avec laquelle on reçoit les éloges, en un mot toutes les imperfections sont bien mieux reconnues par les auditeurs qu'elles ne le sont par les orateurs en action. Appliquons donc à nos propres discours l'examen que nous faisons de ceux d'autrui ; voyons si nous ne tombons pas à notre insu dans les fautes que nous relevons en eux. Rien n'est plus aisé que de blâmer le voisin ; mais cette critique est stérile et vaine si elle ne nous sert pas à corriger en nous et à prévenir des fautes du même acabit. N'hésitons pas, quand nous voyons les autres mal faire, à nous répéter les mots de Platon : « Est-ce que par hasard je ne leur ressemble pas[25] ? » De même que nous voyons briller nos propres yeux dans les yeux de ceux que nous regardons, de même nous pouvons étudier notre manière de parler dans celle des orateurs que nous écoutons. Il en résultera que nous prendrons l'habitude de ne pas mépriser trop témérairement les autres et d'accorder à leurs discours une attention plus scrupuleuse. A cet effet, il sera profitable d'user aussi de la comparaison. Rendus à nous-mêmes après avoir entendu quelqu'un discourir, reprenons quelques-unes des parties qui ne nous auront pas paru convenablement ou suffisamment traitées. Travaillons sur cet objet même, et mettons-nous résolument à compléter tels endroits, à rectifier tels autres, à donner à une pensée un tour nouveau, à recomposer par le menu, sur la base d'expressions différentes, un discours en son entier. C'est ce que fit Platon pour le plaidoyer de Lysias[26]. Car il n'est pas difficile, je le répète, de critiquer un discours prononcé ; rien n'est plus aisé, mais y substituer une composition meilleure, c'est là une besogne des plus laborieuses. Ainsi pensait ce Lacédémonien[27] qui venait d'apprendre que Philippe avait saccagé la ville d'Olynthe : « Bon ! il est probable qu'il ne lui serait pas facile, dit-il, d'en rebâtir une pareille ! » Ainsi, lorsque, faisant un exposé sur un sujet quelconque, nous ne serons, à l'évidence, sortis de la lutte qui nous oppose à nos concurrents qu'avec un faible avantage, la conviction de notre médiocrité, rendue patente par de telles confrontations, rabaissera notre arrogance et fera taire notre amour-propre.

## 7

*Examiner l'orateur pour apprécier ce qu'il dit.*

Les caractères doux et complaisants, bien éloignés de cette censure dédaigneuse, sont toujours portés à l'admiration. Mais ce sentiment exige autant et peut-être plus de précaution. Car si les auditeurs insolents et hautains tirent peu de profit des discours qu'ils entendent, les thaumaturges invétérés, absolument dénués de malice, y trouvent plus de dangers et justifient à merveille l'aphorisme d'Héraclite[28] : « Un sot à chaque mot paraît hébété[29]. » Alors, ne marchandons pas les éloges à ceux qui parlent bien et ne croyons leurs paroles qu'avec discernement. S'agit-il de l'*elocutio* et du style des orateurs, montrons-nous spectateurs bienveillants et sans détours, mais si la vérité et l'utilité de leurs propos sont en jeu, devenons alors des examinateurs pointilleux et sévères. Par là, sans encourir la haine de nos parleurs, nous resterons hors de portée de leurs dires. Car combien d'erreurs, combien d'opinions dangereuses n'adoptons-nous pas par complaisance ou par crédulité vis-à-vis de leurs auteurs immédiats ? Les magistrats de Lacédémone, qui approuvèrent un jour la proposition d'un homme de mœurs dissolues, voulurent qu'elle fût énoncée par la bouche d'un de ses concitoyens dont la vie et les actions étaient irréprochables[30]. C'était agir sagement et avec prudence, c'était accoutumer le peuple à céder à l'influence morale plutôt qu'à la parole des législateurs.

Mais, dans le champ de la philosophie, il faut mettre à part l'autorité de celui qui parle et examiner la valeur intrinsèque de sa doctrine. Car dans les conférences comme sur un champ de bataille, il y a bien des détails superflus : la tête chenue de l'orateur, ses intonations charmeuses, ses froncements de sourcils, ce qu'il dit à son avantage, et surtout les cris, les applaudissements et les trépignements de l'assistance, tout cela concourt à frapper le jeune néophyte qui se laisse entraîner comme par un torrent. Le style aussi recèle des vertus captieuses, lorsqu'il est doux, copieux et qu'il ajoute à la matière traitée un surcroît de grandeur et d'imagination[31]. Les musiciens qui chantent, accompagnés d'une flûte, dissimulent, à la faveur de cet instrument, les fausses notes qu'ils commettent ; de même qu'un style exubérant et hyperbolique éblouit l'auditeur et trouble son jugement. On demandait à Mélanthios, dit-on, ce qu'il pensait d'une tragédie de Diogène[32] : « Je n'ai pas pu la voir, répondit-il : les mots me l'ont cachée. » Or la plupart des sophistes, dans leurs conférences et leurs harangues, non contents de masquer leur pensée sous le voile trompeur des expressions, affectent encore, dans leur désir de plaire, une voix charmeuse en jouant de l'harmonie des intonations, de la douceur des inflexions et de modulations qui suscitent au sein de l'auditoire des transports bachiques et des manifestations de frénésie. C'est là procurer un plaisir vain et recueillir en échange une gloire encore plus vaine. Aussi peut-on leur appliquer ce mot de Denys : ce prince étant au théâtre fut enchanté par le jeu d'un célèbre citharède et lui fit les plus belles promesses. Le spectacle fini, il ne lui donna rien, alléguant qu'il l'avait déjà payé de retour : « Car autant tu m'as donné du bonheur par ton chant, autant je t'en ai donné par l'espérance. » C'est, au reste, ce genre de salaire que les auditeurs payent aux déclamateurs. On les admire tant que l'on est tenu sous le charme ; et quand on ne les entend plus, le plaisir s'est enfui, la gloire de celui qui a parlé est réduite à néant. Les auditeurs ont perdu leur temps et les orateurs leur peine.

## 8

### *Juger les discours par les bénéfices qu'on en retire.*

Laissons donc de côté tout ce que les paroles ont de vain, et n'en recherchons que le fruit, à l'instar non des bouquetières, mais des abeilles. Les premières, en effet, ne songent qu'aux fleurs et aux feuilles qui ont le plus de parfum et d'éclat ; elles les assortissent et les entrelacent à dessein de former un ouvrage agréable mais éphémère et stérile. Au contraire, les secondes sans cesse voltigeant au milieu des prairies émaillées de violettes, de roses ou de jacinthes, descendent en piqué jusqu'au thym, de loin le plus âcre et le plus amer, et s'y posent ;

« façonnant l'or du miel[33] »,

elles y prennent ce qui est utile et s'envolent dans leurs ruches vaquer à leur travail. Un auditeur raisonnable et curieux de s'instruire méprisera cette langoureuse floraison verbale et tous ces sujets propices à la pompe du théâtre et à l'éloquence épidictique, véritables herbes folles dont se nourrissent les *bourdonosophistes*[34]. Mais, par la profondeur de sa méditation, il s'insinuera dans l'esprit du discours et cherchera quelle a été l'intention de l'auteur. Et il extraira de l'œuvre ce qu'elle a d'utile et de profitable, se souvenant qu'il n'est pas venu à une représentation théâtrale ou lyrique, mais qu'il se trouve dans une école, dans un lieu où l'on s'instruit et où il a le dessein de réformer sa conduite à partir des paroles qu'il y entend. Pour apprécier un discours qui s'offre à nos oreilles et pour en formuler un jugement, nous devons donc partir de nous-mêmes et de nos dispositions intérieures en examinant si l'une de nos passions a perdu de son activité, si l'un de nos chagrins s'est atténué, si notre confiance et nos résolutions se sont affermies, si nous éprouvons un enthousiasme plus vif pour le bien et pour la vertu. Quand on sort des mains d'un barbier, on se présente devant le miroir et on se tâte, examinant la manière dont les cheveux ont été taillés et le changement produit par la coupe. A plus forte raison, en sortant d'une conférence ou d'un cours, nous devons reporter aussitôt notre regard sur nous-mêmes, étudier notre âme et chercher à reconnaître si elle s'est purifiée des affections importunes dont le poids la surchargeait pour devenir plus paisible et plus douce. « Car ni le bain ni les discours ne sont utiles, dit Ariston, quand ils ne purifient pas[35]. »

## 9

Que notre étudiant soit donc satisfait de tirer parti des paroles magistrales, non qu'il doive se proposer le plaisir pour fin de son étude, qu'il sorte de l'école d'un philosophe *en fredonnant avec un air guilleret*[36] et qu'il s'inonde de parfums quand on lui prescrit des révulsifs et des cataplasmes. Il faut qu'il soit reconnaissant envers tous ceux qui, sans ménagement, nettoient sa cervelle de l'aveuglant brouillard qui l'emplissait, comme on le fait pour une ruche avec de la fumée. Ce n'est pas que les professeurs doivent absolument négliger la douceur et la pénétration du style, mais c'est ce dont un jeune homme à ses débuts doit le moins s'occuper. Plus tard, il pourra s'y arrêter davantage. Les buveurs, après avoir étanché leur soif, s'amusent à regarder les ciselures qui ornent le bas des coupes et les retournent à dessein. De même, lorsque notre apprenti sera repu d'idées philosophiques, il pourra reprendre haleine : on lui permettra alors de s'attacher à l'élégance et aux qualités intrinsèques de la langue. Mais l'auditeur qui, faisant fi du contenu, recherche d'emblée, impérieusement, une pureté attique[37] ressemble à ce malade qui refuserait d'ingérer un antidote sous le prétexte qu'il lui serait servi dans un vase fait dans une autre argile que celle, attique, de Côlias[38] ! Il fait également penser à cet homme qui, sous un froid hivernal, refuserait de se couvrir d'une pelisse dont la laine n'aurait pas été prise sur des moutons de provenance attique et s'en tiendrait à un manteau étique et diaphane, en vraie prose de Lysias[39] ! C'est par un effet de ces manies qu'une vaine subtilité, un babil méprisable ont remplacé dans nos écoles l'intelligence et la méthode. Les jeunes ne considèrent ni la conduite, ni la vie, ni l'activité d'un homme qui fait profession de philosophie, ils réservent leurs éloges aux tropes, à l'expression, à la belle présentation du sujet ; mais si ce qu'on leur a débité est utile ou non, nécessaire, inane et sans portée, c'est là ce qu'ils ignorent et qu'ils s'évertuent à ne point examiner.

## 10

*Sur les sujets de discours.*

Ces considérations nous amènent à parler des souhaits du public quant aux sujets à traiter. Dans un repas, un convive doit manger ce qu'on lui sert, sans rien exiger de plus, ni critiquer. De même, lorsqu'on est venu à un festin de mets et de mots philosophiques, il faut écouter le maître dans un profond silence, surtout si le sujet de son discours a été annoncé. Et ceux qui veulent le pousser à faire des digressions, qui l'interrompent par des questions étrangères à la matière qu'il traite et soulèvent en passant de nouvelles interrogations, sont loin de lui ménager un auditoire commode et traitable : ils ne tirent aucun profit des paroles qu'ils entendent, ils troublent l'orateur et lui font perdre le fil de son texte. Celui qui parle demande-t-il en personne qu'on l'interroge ou qu'on lui propose un sujet de réflexion ? Alors n'en proposons que d'utiles et de nécessaires. Les prétendants de Pénélope raillent Ulysse

« En quête de croûtons, non point
[d'épées ni de chaudrons[40] »

parce qu'ils regardent comme la marque d'un grand cœur de demander des objets de grand prix. Mais il y aurait lieu de se moquer davantage d'un auditeur qui entraîne le maître dans le champ des insignifiances ou des amusettes. C'est un défaut ordinaire aux jeunes gens : épris de virtuosité verbale et faisant sans cesse parade de leurs connaissances en dialectique ou en mathématique, ils ont coutume de poser des questions sur la manière dont on divise l'infini, sur le mouvement qui se produit dans le sens du côté ou dans la direction de la diagonale[41]. Leur conviennent à merveille les paroles que Phylotime[42] répondit à un malade qui, rongé d'ulcères et de consomption, le suppliait de lui prescrire un remède contre le panaris. « Mon ami, lui dit Phylotime, à qui son teint et son haleine fétide faisaient connaître ce mal interne, ce n'est pas le panaris qu'il faut traiter maintenant. » Pour toi aussi, jeune homme, de tels sujets sont hors de saison. Demande-toi plutôt comment tu pourras guérir de ta suffisance, de ta fatuité, de tes pulsions amoureuses et de ta futilité, pour t'établir désormais en une vie de modestie et de santé morale.

## 11

*Proposer des sujets avec ménagement.*

Une autre attention qu'il faut avoir, c'est de se régler sur l'expérience et la capacité de celui qui parle et de l'interroger dans les domaines où il excelle : ne pas faire violence à un moraliste patenté en lui soumettant d'embarrassantes questions de physique ou de mathématiques, ne pas vouloir non plus qu'un habile physicien tranche sur les « assertions connexes » ou les « problèmes de menteur[43] ». Si quelqu'un essayait de fendre du bois avec une clef ou d'ouvrir une porte avec une hache, on estimerait qu'il dénature moins ces instruments qu'il ne se prive de leur utilité et de leur efficience respectives. Mais demander à un maître de traiter de questions qui sont fort étrangères à sa nature et à ses études, au lieu de faire sa moisson et de tirer profit de ce qu'il nous offre de son propre fonds, ce n'est pas seulement se faire du tort, c'est, en outre, encourir le reproche de malveillance et de méchanceté.

## 12

### *Saisir les occasions favorables lorsqu'on propose un sujet.*

Il faut se garder de proposer une pléthore de questions et d'y revenir à chaque instant. Car c'est d'une certaine manière agir en homme d'ostentation. Mais écouter soi-même un autre qui se donne la peine d'en formuler, c'est fournir la preuve d'un esprit curieux et avide de communications. Si cependant on se sentait pressé par quelque passion qu'il fallût réprimer sur-le-champ et qui exigeât un prompt remède, il vaudrait mieux, selon Héraclite, découvrir aussitôt son mal et en demander la guérison, que de le cacher mal à propos. Si un mouvement de colère, un accès de superstition, une dissension domestique, un amour violent,

« touchant de notre cœur les fibres
[intouchées[44] »

ajoute à nos pensées un surcroît de confusion, n'allons pas nous réfugier vers quelque autre sujet d'entretien et reculer ainsi devant l'occasion d'être repris de nos fautes. Ce sont les discours où il est parlé de ces mouvements mêmes qu'il faut aller entendre. Et après la séance on prendra le maître à part pour conférer avec lui et lui adresser des questions supplémentaires. Ne faisons pas comme la majorité des hommes qui, tant qu'un orateur parle des défauts des autres, prennent plaisir à l'entendre et l'admirent volontiers. Fait-il changer d'objet à sa censure et leur donne-t-il avec une liberté généreuse des avis personnels, ils s'irritent, ils le regardent comme un censeur importun et fâcheux. Ils se figurent sans doute qu'il faut écouter les philosophes dans les écoles comme les acteurs tragiques au théâtre, et que, dans les actions de la vie civique, ils n'ont rien qui les distingue du commun des hommes. Leur opinion est peut-être vraie lorsqu'elle vise les sophistes qui, après être descendus de leurs chaires et avoir déposé livres et manuels de propédeutique, quittent la gravité de leur personnage, et paraissent dans les actions les plus importantes de la vie aussi insignifiants et aussi bas que le simple vulgaire. Mais elle est injustifiée à l'égard des philosophes de bonne trempe mésestimés sous le prétexte fallacieux que leurs paroles sobres, leurs badinages, leurs rictus, leurs sourires, leur mine austère sans oublier les avis personnels qu'ils prodiguent à chacun, produisent de beaux fruits, pour quiconque en sait profiter, à partir du moment où l'on s'est accoutumé à les laisser parler en leur prêtant l'oreille.

## 13

*Sur la louange modérée des orateurs.*

Il faut encore, dans les louanges qu'on donne aux orateurs, faire montre de circonspection et garder le juste milieu. En cette matière, le défaut et l'excès sont également blâmables et préjudiciables à un homme libre. Rien n'est plus pénible et pesant qu'un auditeur insensible et glacé parce que, secrètement convaincu de son mérite et d'une vaine estime de soi, il est persuadé qu'il dirait beaucoup mieux. De fait, ses sourcils restent de marbre et lui ne profère pas une parole qui témoigne d'une écoute bienveillante et satisfaite. Par ce silence obstiné, par cette gravité de théâtre, il affecte la réputation d'un homme solide et profond, se figurant qu'il en est des louanges comme de l'argent : plus on en donne aux autres, moins on en a. Car bien des gens comprennent à tort et à travers le mot de Pythagore, que « le plus grand avantage qu'il eût tiré de la philosophie fut de ne rien juger étonnant ». Ces gens-là croient que le fin du fin réside dans l'obstination à ne louer et à n'estimer personne. Et ils veulent jouer les importants à force de dédain. Il est bien vrai que l'esprit philosophique fait disparaître l'admiration béate et la terreur superstitieuse qui sont les filles de l'impéritie et de l'ignorance, parce qu'il nous apprend à découvrir, à expliquer la raison de chaque chose. Mais la philosophie est à cent lieues de détruire la bonté, la modestie et l'affabilité. Les hommes véritablement vertueux ne se croient jamais plus honorés que par l'honneur qu'ils rendent au mérite ; les distinctions qu'ils lui accordent sont pour eux-mêmes le plus bel ornement : ils communiquent, sans envie, de leur surabondance. Trop d'économie à louer les autres annonce une grande indigence et beaucoup d'avidité.

L'excès contraire consiste à ne rien critiquer, à ne pas percevoir un mot ou une syllabe sans tressauter d'aise ni pousser de grands cris. Agir ainsi, c'est être trop léger, trop oiseau. Souvent par là, on déplaît à l'orateur en personne, et toujours on fatigue ceux qui l'écoutent, parce qu'on les trouble, on les dérange malgré eux, on les entraîne, on les force en quelque sorte, par fausse honte, à faire chorus. On n'a soi-même tiré aucun profit de la séance, parce que l'audition en fut bruyante et assourdie par les bravos, et l'on se retire de la salle avec une de ces trois étiquettes attachées à soi : on est passé pour un moqueur, un flagorneur ou un béotien sans culture oratoire.

Un magistrat qui rend la justice doit écouter les parties sans faveur et sans haine mais selon la droite raison pour juger équitablement. Or dans les auditions philosophiques il n'est point de loi ni de serment[45] qui défendent d'accueillir l'orateur avec un sentiment d'aménité. Il y a plus : les Anciens ont attribué à Hermès le même sanctuaire qu'aux Charites : ils insinuaient par là que le discours induit essentiellement un accueil gracieux et bienveillant. Ils ne supposaient pas qu'un orateur fût assez dépourvu de talent ou de sens commun pour être incapable de produire de lui-même quelque trait digne d'éloge, qu'il s'agît d'une idée de son cru, d'une citation d'auteurs étrangers, d'un sujet proposé, d'une problématique afférente et, pour le moins, d'éléments d'*elocutio* et de *dispositio*[46].

> « Ainsi parmi les ronces et parmi
> [les chardons
> Piquants, poussent les fleurs des
> [tendres perce-neige[47]. »

Les grands discours d'apparat qui font l'éloge du vomissement, de la fièvre et même, juste ciel, de la marmite ont bien trouvé des approbateurs et l'on voudrait qu'un exposé prononcé par un homme qui, pour une raison ou une autre, a la réputation ou le titre de philosophe, ne fournît pas à des auditeurs indulgents et faciles matière à quelques louanges : tous les jeunes garçons dans la fleur de l'âge, dit Platon[48], attisent d'une manière ou d'une autre le désir de l'homme féru d'amour : ceux qui sont blafards, il les appelle *enfants des dieux* ; ceux qui sont noirauds ont un air mâle ; celui qui a un nez d'aigle est royal ; celui qui est camard, plaisant ; l'enfant au teint jaune, il l'appelle *couleur de miel*. Sous le couvert de ces petites qualifications aimables, il leur trouve à tous du charme ; tous lui plaisent. Car l'amour est comme le lierre ; il peut s'attacher à tout. Or l'épigone qui aime à écouter et à s'instruire devra être encore beaucoup plus habile que l'amoureux à trouver sans cesse des raisons pour adresser en public des éloges intelligents à ceux qu'il aura entendus. En effet, Platon conteste aux discours de

Lysias[49] le mérite de l'invention et il lui reproche un défaut de composition, mais il loue son style et le fait que chaque vocable a le clair tracé d'un objet « fait au tour ». On pourrait reprendre Archiloque sur le choix de ses sujets, Parménide sur sa versification, Phocylide sur sa banalité, Euripide sur sa prolixité et Sophocle sur ses inégalités. De même assurément, chez les orateurs, celui-ci pèche dans la peinture des caractères, celui-là ne sait pas émouvoir[50], cet autre ne sacrifie point aux grâces ; mais chacun est loué pour le mérite particulier par lequel il émeut et attire à soi. Dès lors les auditeurs ont eux aussi des raisons nombreuses et variées de manifester leur sympathie aux conférenciers. Dans certains cas et à défaut de paroles approbatives, un regard aimable, un air serein, une attitude avenante et sans signe d'ennui sont assez pour eux.

Car il est temps de rappeler quels sont, fût-ce à l'égard d'orateurs totalement dépourvus de la moindre parcelle de génie, les usages communs et l'étiquette pour ainsi dire élémentaire qui régissent le monde des conférences. On reste assis, le buste droit, sans se balancer, sans s'affaisser, le regard fixé sur l'orateur, avec une entière contention du corps, le visage impassible mais sans arrogance, sans agressivité, avec cette neutralité qui ne laisse soupçonner aucun souci, aucun tracas. Dans toute œuvre, la beauté, on le sait, est une somme de qualités qui concourent ensemble et forment par leur accord une parfaite harmonie[51], alors que la laideur prend naissance instantanément lorsqu'un seul élément manque ou est surajouté en dehors de sa place normale. Dans une audition, justement, sont inconvenants des froncements de sourcils, une mine revêche, des yeux errants, des contorsions, des jambes croisées, et *a fortiori* un chuchotement à l'oreille du voisin, un sourire, des bâillements de dormeur, un visage baissé, et tout maintien analogue sont des défauts répréhensibles qu'il faut éviter avec soin.

## 14

*Des fautes que l'on commet en écoutant.*

La plupart des gens s'imaginent que tous les devoirs incombent à l'orateur et que l'auditeur s'en trouve entièrement déchargé. Ils veulent qu'il se présente après avoir médité son objet et s'être parfaitement préparé ; mais eux, ils arrivent sans s'être préoccupés ou inquiétés le moins du monde des devoirs qu'ils ont aussi à remplir. Ils viennent donc prendre place dans l'auditoire, comme un convive va s'asseoir à table, bien à son aise, tandis que ses hôtes se donnent toutes les peines du monde pour bien le recevoir. Encore un convive, s'il est de bonne compagnie, a-t-il des bienséances à garder ; à plus forte raison un auditeur ; car il s'associe à l'exposé, collabore avec le conférencier, et il ne serait pas convenable qu'il exerçât un contrôle acerbe sur toutes ses bourdes, qu'il l'obligeât à peser chaque mot, à se justifier sur le fond de son discours pendant que lui-même s'arrogerait, sans qu'on ait droit de s'en plaindre, la liberté de commettre mille incongruités et solécismes de conduite dans son rôle d'auditeur. Mais de même qu'au jeu de paume il faut que celui qui reçoit la balle règle exactement ses mouvements sur ceux du lanceur, de même, dans les discussions philosophiques, il est une sorte de concordance entre celui qui parle et celui qui écoute, pour peu que l'un et l'autre tiennent à remplir leurs obligations respectives.

## 15

*Une sage manière d'applaudir.*
*De l'insolence et de la sottise des auditeurs.*

Les expressions dont on se sert pour louer ne sont pas non plus indifférentes. Quand Épicure dit des billets écrits par ses amis qu'ils soulèvent chez lui des « tonnerres d'applaudissements », c'est là un propos malvenu. Il en est qui introduisent dans nos auditoires des expressions inusitées : « Divin ! » s'écrient-ils, « adorable ! incomparable ! » Comme si ce n'était pas assez de dire : « Bien dit ! bien trouvé ! C'est juste ! » C'est ainsi que s'exprimaient les thaumaturges de Platon, de Socrate ou d'Hypéride. Ces éloges outranciers déshonorent celui qui les donne et font tort à l'orateur lui-même en laissant croire qu'il lui faut de ces louanges effectives que la vanité seule peut faire désirer. D'autres non moins extrêmes dans leurs maladresses interpellent les orateurs en proférant des serments : on dirait qu'ils attestent la vérité de leurs dires comme dans les tribunaux. Du même acabit, ceux qui, par un oubli marqué des convenances, commettent de véritables contresens encomiastiques : à un philosophe ils disent : « Quelle jolie pointe ! », à un vieillard chenu ils s'écrient : « Quelle grâce ! » ou « Quel brio ! », transférant à un langage philosophique ce genre de louanges qu'on entend au cours de jeux et de parades élocutoires qui relèvent de l'enseignement scolastique. Ils appliquent aux paroles des sages un type d'éloges qu'on emploierait pour séduire une catin, ce qui reviendrait à couronner un athlète gaillard de lis et de roses au lieu de laurier et d'olivier sauvage. Le poète Euripide faisait répéter à des chœurs une pièce versifiée qu'il destinait à un accompagnement musical ; or un quidam se mit à rire. « Si tu n'étais pas un sot doublé d'un âne bâté, lui dit Euripide, tu ne rirais pas bêtement à propos d'un air composé sur le mode mixolydien[52]. » Je crois qu'un philosophe ou un politique rabattraient le caquet d'un auditeur évaporé en lui disant : « Si tu avais plus de jugement et de bon sens, tu n'aurais pas l'air de fredonner ni de te trémousser quand je parle des dieux, de la vie civique ou du gouvernement. » Il faut regarder en face la présente situation : quand un philosophe prononce un discours, les badauds se demandent, aux cris et aux bravos qui retentissent de l'enceinte où il parle, si c'est un virtuose de la flûte ou bien un citharède ou encore un danseur étoile qui met toute cette foule en délire.

## 16

*Du juste milieu en matière d'écoute.*

Les admonestations et les blâmes ne doivent pas plus être écoutés avec indifférence qu'avec faiblesse. Car ceux qui supportent avec aisance et indifférence les blâmes des philosophes ne font qu'en rire et donnent même des louanges aux personnes qui les reprennent ; ils ressemblent aux parasites qui ne louent jamais tant ceux qui les nourrissent que lorsqu'ils en reçoivent quelque affront, et ils veulent faire passer pour courage ce qui n'est qu'impudence et effronterie[53]. Un homme d'honneur peut à la vérité, sans se faire tort, souffrir gaiement une plaisanterie fine et délicate qui n'a rien d'offensant ; c'est même une marque de cette libre franchise qui faisait le caractère des Spartiates. Mais c'est tout autre chose s'il s'agit d'un blâme ou d'une admonestation destinés à corriger le caractère et exprimés en termes directs pour agir comme un remède mordant. Un jeune homme qui, loin de tomber alors dans l'abattement, loin d'être couvert de sueur, loin d'être saisi de vertige et loin de brûler de honte, écoute ces semonces d'un air tranquille et n'y répond que par des plaisanteries moqueuses, montre qu'il est déplorablement étranger à tout instinct de générosité, que l'habitude invétérée du vice le rend inaccessible à la honte et que son âme, endurcie dans le mal, comme une chair dure et calleuse, ne peut plus être réveillée par l'aiguillon d'un remords salutaire.

A côté des jeunes gens que je viens de dépeindre, il en est d'autres qui, animés de dispositions toutes contraires, s'indignent si une seule fois on leur adresse des paroles de blâme ; transfuges de la philosophie, ils l'abandonnent sans retour. Cette vive sensibilité qu'ils avaient reçue de la nature était une disposition à la pudeur, mais ils la rendent inutile par leur lâcheté et leur délicatesse. Incapables de supporter avec courage des reproches utiles et d'accepter généreusement les corrections, ils tournent leurs oreilles vers les complaisances agréables des flatteurs ou des sophistes dont la douce voix stérile et vaine les enjôle. Un malade qui, après une amputation douloureuse, s'enfuirait des mains du chirurgien, sans attendre que sa plaie fût bandée, n'éprouverait que la gêne du traitement, sans en recevoir aucun soulagement. De même, quand un mot a percé à vif notre sottise, si nous ne laissons pas son baume cicatrisant faire son effet curatif, nous quittons la philosophie après avoir reçu d'elle de cuisantes morsures, mais sans en retirer aucun bénéfice. Car il n'y a pas que la plaie de Télèphe, pour citer Euripide,

« Que guérit la raclure de la lance
[limée[54] ».

Et les entailles que la dent philosophique[55] imprime sur l'âme des jeunes gens bien nés sont précisément guéries par les paroles d'apparence blessante. Aussi, l'homme qui est victime d'un blâme doit en accepter la douleur et le *coup de dent*, et faisant fi du découragement ou de l'abattement, doit supporter, en guise de prélude à cette mystagogie philosophique, les prémices purificatoires, les premiers troubles initiatiques, dans l'espérance que ces tourments et ces épreuves amèneront des compensations lumineuses et douces. Les reproches qu'on essuie ne sont-ils pas mérités ? Il n'est que plus beau d'écouter patiemment et avec résignation celui qui nous les fait, et quand il a fini, de s'approcher de lui, de se justifier et le prier de réserver pour une faute véritable la franchise et la rudesse qu'il montre à notre égard.

## 17

*Deux races d'étudiants : les timides et les petits-maîtres.*

Encore une recommandation. Quand on apprend les rudiments de l'abécédaire, quand on étudie la lyre, quand on pratique les jeux de la palestre, les premières leçons nous causent bien de l'agitation, de la peine et de la confusion. Puis, à mesure qu'on progresse, tout s'apprivoise peu à peu ; à l'instar de tout rapport humain, on prend des habitudes, on fait connaissance, et tout devient amical, familier, facile à dire et à faire. D'une même façon, la philosophie ne présente d'abord, soit dans les sujets qu'elle traite, soit dans les termes qu'elle emploie, qu'une sécheresse inextricable et insolite. Or il ne faut pas se laisser effrayer par ces préliminaires et abandonner la partie comme un homme peureux et timoré. Il faut se mesurer avec chaque obstacle, persévérer, vouloir avancer de pied ferme, jusqu'à ce qu'on ait connu cet état d'habitude qui nous fait connaître les agréments d'une pratique belle et honnête. Il ne tardera pas à venir et sa présence nimbera notre étude d'une lumière abondante : elle nous enflammera de cet amour pour la vertu. Et quel autre qu'un cœur dénaturé ou pusillanime pourrait supporter tout genre de vie qui le séparerait d'elle et accepterait, par un effet de sa mollesse, d'être déchu des hautes destinées où l'appelait la philosophie ? Peut-être, en effet, dans le commencement, ces matières offriront-elles aux esprits neufs et sans expérience quelques difficultés pour être comprises ; mais, le plus souvent, c'est par leur fait personnel que les jeunes gens restent dans les ténèbres de l'ignorance ; et avec des natures différentes, ils tombent dans une erreur commune à tous. Les uns, parce qu'ils ont honte ou pour épargner de la peine au maître, hésitent à le questionner et à s'assurer du sens de ses phrases, mais, en faisant mine de tout comprendre, font de la tête de grands signes d'assentiment. Les autres, rongés par la prétention malvenue et le ridicule désir de briller aux dépens de leurs camarades, veulent témoigner de leur vivacité d'esprit et de leur aptitude à apprendre vite : ils font profession d'avoir tout saisi avant qu'on n'ait expliqué et de fait ils ne comprennent rien. Qu'en conclure ? Les premiers, perclus de réserve et de discrétion, quittent la salle tristement, mais, poussés par la nécessité ils reviennent trouver le maître, avec un surcroît de honte : ils reprennent chaque question et reconsidèrent l'ensemble de l'exposé ! Quant aux autres, les *petits-maîtres* bouffis d'ambition, ils ont toujours soin de couvrir et de dissimuler leur ignorance. Ils finissent par la rendre irrémédiable.

## 18

*Sans être importun ni trop pointilliste, l'apprenti philosophe devra enfin s'exercer à ces deux vertus de l'apprentissage : la copie et l'intellection parfaite.*

Fi donc de la lâcheté et de la fanfaronnade ! Uniquement préoccupés de saisir et de comprendre tout ce qu'on dit d'utile, supportons, s'il le faut, pour y parvenir, les railleries de ceux qui se croient plus doués que nous. Imitons à cet égard Cléanthe et Xénocrate. Nés avec un esprit plus lent et plus tardif que leurs condisciples, ils n'abandonnèrent jamais l'étude ni ne se découragèrent. Ils étaient les premiers à plaisanter sur eux-mêmes et disaient que, semblables à des vases au col étroit ou à des tablettes de bronze, ils recevaient plus difficilement les paroles qu'on leur donnait mais qu'ils les conservaient d'une manière fidèle et durable. Car il faut non seulement, comme dit Phocylide,

« Pour être homme de bien avoir été
[dupé[56] »,

mais ce n'est pas encore assez : il faut avoir été bafoué, humilié, s'être vu l'objet de sarcasmes et de plaisanteries de mauvais goût, pour parvenir, par les plus grands efforts, à triompher de l'ignorance. Il ne faut pas cependant négliger la faute qui aboutit au résultat inverse. Ceux qui la commettent sont pour la plupart des auditeurs à l'esprit nonchalant, qui se rendent incommodes et lassants. Une fois livrés à eux-mêmes, ils ne veulent pas payer de leur personne, mais ils causent au conférencier mille désagréments par la rengaine des questions qu'ils lui posent sur la même matière. Ils sont comme ces petits oiseaux encore sans plumes, qui bâillent à tout moment au bec d'autrui, pour y prendre une nourriture toute prête et déjà toute mâchée. D'autres, voulant fort mal à propos passer pour des esprits attentifs et pénétrants, harassent les maîtres par leur loquacité et leur extrême acribie ; ils soulèvent sans cesse des difficultés supplémentaires quoique inutiles et réclament des preuves sur des objets qui n'en exigent aucune.

« Le chemin le plus court devient
[ainsi très long[57] »

a dit Sophocle, et non seulement pour eux-mêmes, mais encore pour les autres. En interrompant coup sur coup le professeur par leurs questions oiseuses et superflues, par des digressions hors de propos, ils ralentissent la marche de son enseignement par ces arrêts et ces retards. Ils ressemblent, dit Hiéronymos[58], à ces roquets peureux et voraces qui, à la maison, mordent les peaux des bêtes féroces et en arrachent les poils, mais qui, dans les bois, n'oseraient s'attaquer aux fauves mêmes. Pour les esprits lents dont nous venons de parler, invitons-les, quand ils auront bien en tête les points principaux d'un discours, à s'essayer ensuite, tout seuls, à en remplir les interstices et à faire de leur mémoire le guide de l'*inventio.* Le peu de paroles étrangères qu'ils auront retenues sera comme un germe initial qu'il ne s'agira plus que d'accroître et de nourrir. Car l'esprit n'est pas comme un vase qu'il ne faille que remplir. A la façon du bois, il a plutôt besoin d'un aliment qui l'échauffe, qui fait naître en lui une impulsion inventive et l'entraîne avidement en direction de la vérité. Que diriez-vous d'un homme qui, allant chercher du feu chez son voisin et, trouvant la flamme si limpide, y resterait à se chauffer et ne songerait plus à retourner chez lui ? Voilà l'image d'un jeune homme qui, étant venu recueillir la parole d'un autre, croit n'avoir pas besoin d'allumer sa propre lumière, la lumière de son intelligence, et, se bornant au plaisir de l'entendre, reste assis sous le charme. Miroir du foyer qui l'accueille, il prend bien la rougeur incarnat du feu qui le colore, c'est-à-dire qu'il tire des paroles entendues l'idée qu'elles expriment, mais la moisissure et la noirceur secrète de son âme ne sont pas dissipées par cette chaleur, et la philosophie ne l'en a pas débarrassé.

A tous les préceptes que j'ai donnés sur l'écoute magistrale, je n'ajouterai qu'un mot ; qu'on se remette en mémoire ce que j'ai dit tout à l'heure et qui se réduit à ceci : *il faut inventer en même temps que l'on apprend*. Par ce moyen, on remportera de son étude une disposition d'esprit qui ne sera ni celle d'un sophiste, ni celle d'un homme qui veut seulement connaître des faits, mais celle d'une connaissance et d'un *enracinement* philosophiques. Songeons à cette maxime : *le commencement de bien vivre, c'est de bien écouter.*

# NOTES

1. Nous n'avons sur Nicandre aucune information permettant de dater précisément ce traité.

2. Plutarque ne vise pas une coterie particulière. Ce qu'il écrit sur le bavardage des élèves (42E, 43A, 43C, 48B) ou sur les réactions tantôt bruyantes, tantôt silencieuses des auditeurs (41C, 42A, 43F, 46C, 39D) est de tout temps. Il fait allusion dans cette phrase à un célèbre passage de la *République* de Platon (339c).

3. *Enquête,* I, 8.

4. Cf. Platon, *Criton,* 46b.

5. Le *didaskalos* appointé par la cité ou les parents des élèves.

6. Selon les stoïciens, seule importe la raison car elle seule peut juger de ce qui est bon pour l'individu : ce qui est bon est qu'il ne soit pas aliéné à des forces étrangères. Aux yeux de Plutarque comme de Sénèque, l'essentiel est d'assurer son indépendance. Or le moyen et la cible de l'autonomie, c'est la souveraineté de la

conscience, le gouvernement par une conscience raisonnable. Face à un danger, face à l'appel des pulsions, l'individu n'a qu'à s'enfermer dans la forteresse de sa gouverne *(hégémonikon)* ; il en sort avec un laissez-passer de sa raison pour cueillir quelques sages plaisirs.

7. C'est-à-dire les impulsions des sens indépendantes de la raison *(ormè)*. Voir Cicéron, *De la nature des dieux*, II, 22, 58.

8. Le terme est stoïcien; sur ce principe voir Platon, *Lois*, 798b.

9. Lire Sénèque, *Lettres à Lucilius*, I, 4, 2.

10. La référence est également dans les *Propos de tables*, 666C.

11. Plutarque a peut-être en tête une phrase de Zénon. Voir Diogène Laërce, VII, 24.

12. Il s'agit du disciple de Platon qui succéda à Speusippe en 339 à la tête de l'Académie.

13. Platon dans la *République* parle également des sciences nobles qui sont comme les sentinelles *(phrouroi)* de l'âme. Voir 560b.

14. Bias est l'un des Sept Sages ; Amasis un roi égyptien dont parle Hérodote (II, 162).

15. Sur cet insolite baiser voir Pollux, X, 100.

16. Dans les *Lois*, Platon compare le

domptage et la domestication des bêtes avec l'éducation des enfants (voir 766a sqq.).

17. Épictète parle de la nécessité d'une éducation de l'oreille (*Entretiens*, II, 24, 4-5).

18. Ces œufs résultaient d'une fécondation de la femelle par la brise, sans intervention du mâle (voir Varron, *De re rustica*, II, 1, 19).

19. Auteur inconnu.

20. Philosophe pythagoricien, père d'Aristoxénos.

21. Souvenir d'*Ajax*, 293 de Sophocle.

22. Il s'agit d'Eschine le Socratique, philosophe du IVe siècle.

23. Voir Horace, *Épîtres*, I, 2, 57.

24. *Économique*, I, 15.

25. Voir Platon, *Alcibiade* I, 133a-b.

26. Dans le *Phèdre* où Socrate corrige le style de Lysias (237a).

27. Un dénommé Agésipolis, roi de Sparte, en 371 av. J.-C.

28. Héraclite d'Éphèse, fragm. B.87 Diels-Kranz.

29. Voir aussi Plutarque, *Comment il faut lire les poètes*, 9, 28D.

30. Cette anecdote est rapportée dans le *Contre Timarque* d'Eschine (180-181).

31. Ou « d'illusion ».

32. Diogène de Sinope, auteur de sept tragédies.

33. Simonide, fragm. 47 Bergk.

34. Mot de Platon, *République*, 564e.

35. Ariston de Chios, le stoïcien.

36. L'expression est de Platon, *République*, 411a.

37. Plutarque rejette l'atticisme de Lysias car il y voit une manière de snobisme.

38. L'argile du promontoire de Côlias était recherchée pour la céramique.

39. Lysias a un renom de ténuité. La comparaison avec un vêtement fin se retrouve dans Quintilien, IX, 4,17.

40. *Odyssée*, s, 22.

41. Voir Platon, *Timée*, 63c.

42. Il s'agit du célèbre médecin dont parle Athénée (III, 79A, 81B, 82F, etc.).

43. Les *sunémmèna axiômata* sont des propositions dont la seconde est induite par la première. Cf. Aulu-Gelle, *Nuits attiques*, XVI, 8, 9. Les *pseudoménoi logoi* sont des raisonnements fallacieux, des syllogismes mensongers dans lesquels l'esprit sent la présence d'une faille qu'il ne peut découvrir. Ces exercices de logique étaient chers aux stoïciens et notamment à Chrysippe (voir Diogène Laërce, VII, 43-45 et 186-187).

44. Fragment d'auteur inconnu (Kannicht-Snell, 361).

45. Allusion aux serments des héliastes.

46. Deux des parties de la rhétorique : la *dispositio (taxis)* consiste à mettre en ordre ce

qu'on a trouvé, classer les résultats de l'*inuentio* (*eurèsis*) ; l'*elocutio* (*lexis*) réside dans le retravail stylistique de cet agencement : on lui ajoute les figures. Voir R. Barthes, « L'ancienne rhétorique. Aide-mémoire », *Communications*, décembre 1970 (rééd. *Œuvres complètes*, Paris, Seuil, 1994, tome II, p. 929 sqq.).

47. Auteur inconnu.

48. *République*, 474d que Plutarque cite dans un ordre différent en malmenant la syntaxe. On connaît la postérité moliéresque de ce passage présent dans Lucrèce (IV, 1160-1170) et dans *Comment distinguer le flatteur de l'ami*, 56C.

49. *Phèdre*, 234e sqq.

50. L'*éthos* et le *pathos* sont deux éléments principaux de la rhétorique (voir Aristote, *Rhétorique*, 1356a I sqq.).

51. Cette définition rappelle celle de la beauté selon Cicéron : elle n'est pas un ornement surajouté mais comme la perception d'une rationalité interne et organique, donc vivante, de l'œuvre d'art, dont le modèle est le corps humain. Le luxe n'est pas le superflu, mais le nécessaire, la plénitude du nécessaire.

52. Sur ce mode lent et pathétique voir Plutarque, *Sur la musique* 1136C.

53. Litt. : « ils donnent une triste et douteuse preuve de leur fermeté en déployant une telle impudence. »

54. Nauck-Snell, fragm. 724.
55. Ou « la philosophie incisive ».
56. Fragm. 6 West.
57. Sophocle, *Antigone*, 233.
58. Philosophe péripatéticien de Rhodes.

# POSTFACE

## *Silence des Sages et Musique des sphères*

« Les hommes n'aiment point à vous admirer, ils veulent plaire ; ils cherchent moins à être instruits, et même réjouis, qu'à être goûtés et applaudis. » Ce jugement de La Bruyère[1] semble tout droit sorti du *Comment écouter*, de Plutarque. En effet, si apprendre à parler est la première des démarches, en supposant que l'étude des mots infère sur celle des pensées, apprendre à entendre doit être la seconde préoccupation de l'apprenti philosophe et très certainement une des questions centrales de l'éducation, de la *paideia*.

Plutarque dans son court essai daté de 100 ap. J.-C. a voulu remédier à ce vide constitutif de l'histoire d'une rhétorique de l'oreille. Car l'art d'écouter, dans les théories occidentales sur le langage, est le fait d'une extrême solitude.

La culture de l'oreille suppose une alliance de l'éloquence et de la philosophie. Car la *paideia* auditive serait une piètre auxiliaire de l'art oratoire si elle n'entendait servir les vœux secrets de la méditation philosophique. On apprend plus à penser qu'à parler en écoutant car cette écoute est pétrie de la substance même des paroles, la rhétorique n'ayant pour ainsi dire qu'une fonction régulatrice et extérieure. Ainsi, la première difficulté échue au professeur est de faire comprendre au disciple avide de phrases et succombant au vertige des mots la nécessité formatrice du silence. C'est que la propédeutique *per aures* n'est pas sans danger : le langage a tout d'une sorte de bande sonore qui donne une voix aux choses absentes et leur apporte un surcroît de présence de sorte que l'oreille n'est qu'un lieu de fascination dans l'officine duquel l'esprit enchanté fabrique des simulacres, par la médiation de *mots-mirages*. Créer pour les « sens intérieurs », animer de couleur, saveur, odeur et pourvoir d'une carnation presque réelle un théâtre de mots dont la prégnance rivalise victorieusement avec le souvenir des spectacles naturels, attacher les passions et le vouloir à ces spectacles plus vrais que nature, telle est la puissance paradoxale de la rhétorique des premiers maîtres ; car, la *paideia* des Grecs suppose outre une ascétique mutité une rhétorique de la Fable. Or, lorsqu'on s'attache exclusivement à ses agréments au lieu d'en tirer un profit moral, cette rhétorique peut être pernicieuse. Ainsi la *phantasia-memoria* qui fige la volonté dans le monde des simulacres, peut dangereusement river son serviteur immédiat au sol adhérent du sens littéral, en l'empêchant de réaliser cette conversion des images au profit de l'invisible. Il faut donc une grande force d'arrachement pour substituer à cette pédagogie agréable une contention muette. Le silence selon Plutarque est alors une propédeutique sur le chemin de laquelle le myste, jeune Protée avide de perfection, se construit et se déprend des pouvoirs d'une rhétorique *primitiviste* sous la férule.

Mais, outre sa faculté à faire naître chez l'apprenti philosophe cette pondération de l'oreille qui est la condition première de toute méditation, le silence, écrit Plutarque, est une « parure certaine » (*kosmos asphalès*[2]). En effet, se taire est le moyen le plus sûr de ne pas tomber dans la surdité à son propre langage qui fait dire au narrateur du *Roland Barthes par Roland Barthes*[3] de quelques parleurs complaisants : « Il les entendait ne pas s'entendre. » Au cœur de cette dynamique solipsiste du langage, chacun est donc pour soi-même un grand aveuglement auditif. Mais la critique plutarquienne de cet état de fait concerne moins directement l'épanchement personnel, le désir de confidence que la tyrannie hémerneutique de toute *paideia*. Conférences, exposés, dissertations, discours, exégèses, tels sont les nombreux mots qui, dans le *Comment écouter*, décrivent l'objet même de la parole. Jamais libre, celle-ci est soit directement soumise aux parties de l'art oratoire, soit indirectement impliquée dans le jeu impérieux du commentaire. Si Plutarque respecte la première activité, c'est parce qu'elle émane d'un maître responsable, plus ou moins conscient des effets de son langage, mais nécessairement contraint à une rigueur rhétorique. En revanche, la seconde des manifestations langagières relève le plus souvent de jeunes auditeurs qui veulent superposer à la parole magistrale le réseau anarchique de leurs questions et de leurs gloses. A la rhétorique autorisée du conférencier professionnel, Plutarque oppose la confusion adolescente et la manie compulsatoire qui en résulte. Car il ne faut pas penser que les usages qui prévalent dans les sociétés de consommation de l'Occident soient si étrangers au monde hellénistique. Si nous sommes, à une échelle infiniment plus considérable, submergés par le commentaire, sollicités par des millions de mots, qui traitent de livres que nous n'ouvrirons jamais ou d'œuvres musicales dont nos oreilles resteront vierges, l'air antique n'était pas moins saturé par le bourdonnement perpétuel des jugements et des « pontifications » hâtives. Ainsi lorsque Plutarque stigmatise l'anarchie juvénile, il vise essentiellement l'inconséquence de la spontanéité. Et par cela-même, il blâme ce mirage de signification derrière lequel une *pseudo*-rhétorique dissimule l'impréparation philosophique. Car un bon nombre d'orateurs pédagogues gyrovagues, avides de gloire et d'argent, ne reculent pas devant le mensonge pour louer ou vitupérer plus brillamment. En effet, la Seconde Sophistique, en dépit de son importance dans l'histoire de la *res literaria*, a favorisé, comme le montrait bien au XVIIe siècle le père Cressolles, certains matamores de la parole (*gloriosi Thrasones Verbi*[4]), dont l'art épidictique, si raffiné qu'il se voulût, tendait à l'ostentation, à la pompe, à la jactance frivole. Les sujets de leurs panégyriques, comme de leurs invectives, étaient aussi bien des personnages ou des objets réels que des fictions ou des sujets futiles et paradoxaux. Souvent très riches et grassement payés par les cours impériales ou les autorités provinciales, ces esthètes affectaient de célébrer les héros républicains, morts en martyrs de la patrie à Salamine ou Marathon, ou faisaient l'éloge de la fièvre quarte, du vomissement, de la calvitie, de la surdité, de Thersite, de la mouche ou du ciron. Pour déclamer commodément leurs discours d'apparat, ils disposaient de véritables théâtres : odéons, athénaeums, musaeums, où le déclamateur du jour, assis en vedette sur un trône surélevé, et parfois sous un dais (*canopeus*), haranguait la foule rassemblée dans l'*orchestra*. Ces séances oratoires étaient précédées d'invitations à l'assistance, selon des formes publicitaires : les sophistes s'y préparaient avec soin et n'étaient pas sans éprouver le trac. Ils s'avançaient en somptueux équipage, portaient au doigt un anneau rehaussé de gemmes, « tant ils considéraient cet ornement comme nécessaire à la lumière et à la dignité de l'éloquence[5] ». Parfois s'opposait à cette école de la splendeur une faction misérabiliste qui préférait se présenter en haillons, les pieds nus, affectant de mépriser l'élégance. C'est contre l'éclat des asianistes ou la négligence affectée des cyniques que Plutarque s'emporte ; car à travers le procès d'une recherche désespérée des effets littéraires, il vise les déclamateurs trop empressés qui s'attaquent à l'*elocutio* avant de commencer par l'*inuentio*[6] :

Laissons donc de côté tout ce que les paroles ont de vain, et n'en recherchons que le fruit, à l'instar non des bouquetières, mais des abeilles. Les premières, en effet, ne songent qu'aux fleurs et aux feuilles qui ont le plus de parfum et d'éclat ; elles les assortissent et les entrelacent à dessein de former un ouvrage agréable mais éphémère et stérile. Au contraire, les secondes sans cesse voltigeant au milieu des prairies émaillées de violettes, de roses ou de jacinthes, descendent en piqué jusqu'au thym, de loin le plus âcre et le plus amer, et s'y posent ; « façonnant l'or du miel », elles y prennent ce qui est utile et s'envolent dans leurs ruches vaquer à leur travail. Un auditeur raisonnable et curieux de s'instruire méprisera cette langoureuse floraison verbale et tous ces sujets propices à la pompe du théâtre et à l'éloquence épidictique, véritables herbes folles dont se nourrissent les *bourdonosophistes* (8).

Le génie du Ier siècle consiste donc dans ce déploiement intéressé qui, par son faste et son mépris d'une propédeutique élémentaire, envahit tous les coins et recoins de la conscience estudiantine. Plus qu'une industrie lucrative, c'est une phénoménologie et une métaphysique qui sont en jeu à travers ce déferlement de l'épidictique sur une jeunesse prête à l'accueillir et mal disposée à s'en défendre. En effet, l'inconscience sophistique met en jeu une épistémologie et une morale d'une « temporalité » plus que douteuse. La dimension anecdotique de discours d'apparat souvent interchangeables, surnourris de tableaux détachables, que l'on convoque au milieu de l'*oratio* si besoin est, obéit aux exigences implicites d'une nivelante simultanéité. Les auditeurs de telle cité entendent, habillés sous une nouvelle vêture rhétorique, les panégyriques qu'une cité voisine entendit la veille. Le sujet a donc une importance secondaire puisque tout doit se jouer dans le grand *bluff* d'une métamorphose quotidienne. La matière du discours précédent est pour ainsi dire « soldée » dès le lendemain car l'acuité sophistique aiguise chaque événement spécifique, chaque situation individuelle ou collective, inhérente à l'endroit qui l'accueille, pour lui conférer une puissance de pénétration maximale. Faculté d'adaptation, cet art est malheureusement celui de l'aiguisage uniforme[7]. Les bonds de l'Histoire et ceux de l'athlète vainqueur au pentathlon reçoivent le même tranchant. Et paradoxalement cette urgence oratoire, par son aspect monotone, produit comme une anesthésie de la pensée. La beauté de la description d'un temple et l'horreur macabre de Salamine ne sont plus que bribes et lambeaux quand tombe la nuit et quand s'achève le spectacle élocutoire.

Cette tactique de l'éternelle remise à jour, qui fait de l'Œuvre du sophiste une constante tapisserie de Pénélope, est à l'opposé du principe de la création : car le texte philosophique ou la composition musicale, par exemple, sont des paris sur la durée[8]. Ils incarnent le « dur désir de durer » et leurs bornes temporelles sont de l'ordre d'une extension inconnue vers l'avenir. Ils vont à l'encontre de l'idéal sophistique par l'emprise qu'ils ont sur nous, le désintéressement qu'ils suscitent et la patience qu'exige leur apprentissage. Face à leur épargne lente et cristallisante, la sophistique nous prie au contraire d'investir hâtivement à la bourse des sensations momentanées.

Cette fugacité contraste avec la permanence quasi religieuse du discours et de l'écoute philosophiques qui ont l'intensité des banquets rituels et des préliminaires d'un sacrifice[9]. Par ailleurs l'inconstance de la langue des déclamateurs, avec ses tricheries, ses ruses contingentes ne peut que favoriser l'envie et l'intolérance qui sont, selon Plutarque, les ennemis du silence. Le défaut de l'écoute devient alors une affaire de surestimation ou de sous-estimation de soi-même. Il est le fait des timides et des *petits-maîtres* :

Les uns, parce qu'ils ont honte ou pour épargner de la peine au maître, hésitent à le questionner et à s'assurer du sens de ses phrases, mais, en faisant mine de tout comprendre, font de la tête de grands signes d'assentiment. Les autres, rongés par la prétention malvenue et le ridicule désir de briller aux dépens de leurs camarades, veulent témoigner de leur vivacité d'esprit et de leur aptitude à apprendre vite : ils font profession d'avoir tout saisi avant qu'on n'ait expliqué et de fait ils ne comprennent rien. Qu'en conclure ? Les premiers, perclus de réserve et de discrétion, quittent la salle tristement, mais poussés finalement par la nécessité, ils reviennent trouver le maître, avec un surcroît de honte : ils reprennent chaque question et reconsidèrent l'ensemble de l'exposé ! Quant aux autres, les *petits-maîtres* bouffis d'ambition, ils ont toujours soin de couvrir et de dissimuler leur ignorance. Ils finissent par la rendre irrémédiable (17).

Tels sont les fléaux du portique car leur méconnaissance de leur véritable valeur constitue un poids qui fait obstacle à l'exercice pédagogique. Cette méconnaissance procède dans un cas d'une virtualité de science qui s'ignore et dans l'autre d'une ignorance ostentatoire qui veut passer pour science. C'est contre cette présomption que Plutarque s'insurge et surtout lorsqu'elle émane d'un auditeur qui du stade de disciple complaisant passe à celui de collègue contestataire : haïr un orateur parce qu'on ne veut pas scruter les défauts qu'il pointe en nous-mêmes ou lui témoigner de la rancœur sous prétexte qu'il nous rend patente notre médiocrité élocutoire sont une seule et même chose qui relève de la mauvaise volonté ou de la mauvaise conscience. En fait, un des axes du livre concerne cet aveuglement face aux semonces et à la réussite morale d'autrui. Tout est question de malveillance par désir d'autoprotection. L'auditeur malveillant ne cesse de corriger grâce aux verres appropriés de sa rancœur les attrayants simulacres du discours qu'il écoute. Face aux appats de la piperie rhétorique, il est tout entier défiance. La défiance, chez lui, donne un coup de frein à la confiance spontanée de l'auditeur naïf ou de l'épigone bienveillant, mais elle est également *méfiance*, c'est-à-dire méconnaissance interlope, conspiration volontaire de la jalousie contre une vérité qu'elle connaît mais qu'elle refuse. Il y a dans le *Comment écouter* une fort belle hypotypose de l'auditeur méfiant, sorte d'atrabilaire de l'écoute philosophique, qui sécrète lui-même son propre venin et qui, à la différence du calomniateur ou du flagorneur, est la cause de son propre suicide moral :

L'envie qu'on porte à un homme qui parle bien a pour principe un vain désir de gloire, un amour injuste de la supériorité : et tels sont ses effets sur celui qui en est possédé, qu'il ne saurait prêter à ce qu'on dit la plus légère attention. Le trouble intérieur qui l'agite distrait à tout moment ses pensées. Il examine sa propre capacité, la compare avec le talent de celui qui parle, pour voir s'il lui est supérieur. Il observe les assistants, il étudie leurs dispositions. Les voit-il admirer et applaudir ? Ces éloges qui l'humilient lui font concevoir contre eux un secret dépit. Il oublie tout ce qu'on dit à mesure qu'il l'entend, parce que le souvenir l'en afflige. Il tremble que la suite ne soit encore meilleure. Il n'est jamais si pressé de voir finir le discours que lorsqu'il est plus intéressant. A peine est-il terminé que, sans penser un instant à ce qu'il vient d'entendre, il ne s'occupe qu'à reconnaître de quelle manière les auditeurs sont disposés. A compter, pour ainsi dire, leurs suffrages ; en voit-il qui louent l'orateur ? Il les évite, il les évite avec une force d'emportement. En est-il qui le blâment, qui prennent de travers ses paroles ? C'est à ceux-là qu'il court avec empressement, pour faire chorus avec eux. S'il ne trouve rien à reprendre dans le discours, il compare l'orateur avec d'autres plus jeunes que lui, qui se sont exercés sur le même sujet, et l'ont, selon lui, traité d'une manière bien supérieure. C'est ainsi que sa jalousie corrompt, annihile les plus beaux discours et les lui rend entièrement inutiles (5).

Ce morceau de bravoure résume un certain nombre de griefs que Plutarque formule à l'égard de l'obstination adolescente. Il arrive malheureusement que celle-ci s'ancre définitivement avec le temps et que le refus d'écouter qui est l'effet d'une jeune frivolité tourne à la constance coupable, au préjugé jaloux. La question de l'écoute réside moins dans la façon d'accueillir un sophiste qui appelle nécessairement la méfiance que dans la manière de suivre pas à pas les injonctions d'un philosophe. On comprendra que le titre du traité concerne l'écoute morale et non l'audition épidictique. Or, le paradoxe de l'éducation des Grecs leur vient de cette suprématie de l'éloquence qui finit par adombrer ou par éradiquer la plus petite exigence d'écoute intérieure. Apprendre à parler, c'est désapprendre l'art d'entendre. Et à travers ce passage fleuri sur les défauts d'un envieux, Plutarque montre que les maladies de l'âme secrètement instillées par la rivalité rhétorique finissent par se porter sur l'antirhétorique par excellence qu'est l'écoute d'autrui. Pourtant, le traité ne cesse de mentionner la nécessité d'une écoute active. C'est l'*ego* de l'auditeur qui fait tout en la matière : il peut opacifier le rapport d'écoute dans sa neutralité première, il peut aussi l'infirmer ou l'embellir. Comme c'est si souvent le cas dans un récital où la sonorité du piano tient autant à l'acoustique de la salle qu'à la disposition d'esprit du public (surtout lorsqu'il s'émeut, comme dit Valéry, par *plaques*), c'est l'auditoire qui façonne le sens de la communication. Ce *je-ne-sais-quoi* ou ce *presque-rien* d'intérêt qu'il porte tacitement à l'orateur est la condition mystérieuse de l'écoute parfaite. Plutarque a raison de parler des questions niaises des imbéciles, des digressions des pédants, des ergotages des pinailleurs, mais il sait que tout réside dans le silence et non plus dans cette parole-spectacle où tout se perd et où rien ne se fonde.

L'envieux de Plutarque souffre par défaut d'éducation ou de générosité de cette constante défiance vis-à-vis du langage des autres. L'envieux, en homme qui sait sa rhétorique, se refuse à être la dupe du vertige des mots. Il représente l'envers de la sophistique ostentatoire et pourtant il n'est pas philosophe. C'est que, à l'écoute d'un philosophe, il s'attache, tel un béotien face à un Gorgias, au geste maigre des mots qui devant ses yeux hébétés dessinent leurs innombrables simulacres. Sans jamais savoir gré à l'orateur de lui présenter sous une forme alléchante une matière aride et indigeste, il laisse de côté la valeur ontologique du discours qu'on lui tient. A travers cette fable, Plutarque nous montre qu'il faut faire, en apprenti philosophe, la part des mots et des choses. Il faut d'abord remettre la prose affectée de Lysias sur l'enclume de l'*elocutio* socratique. Puis il faut se dire banalement à la fin du discours : « Suis-je toujours le même ? »

Mansuétude vis-à-vis de qui parle et aveu qu'on est convaincu, telles sont les armes du bon auditeur. L'écoute est donc l'affaire du souci de soi, de la *cura animi*. Et derrière ce petit texte discrètement allégorique se profile l'ombre de la réception et de la parénèse morales. Livre sur la disponibilité, le *Comment écouter* se réduit à la question : sommes-nous prêts à changer ? Répondre à cette question, c'est s'apercevoir qu'au terme de la lecture de Plutarque, nous ne ferons jamais, en ce domaine, que de petits progrès.

Pourtant il est un domaine où l'écoute est comme débarrassée des avanies du sens sans être toutefois complètement indemne de toute malveillance critique : la musique. Car, à la différence d'une rhétorique autochtone, la musique est un peu comme une langue étrangère ; quoiqu'elle mime avec plus ou moins de pertinence des traits, des mouvements, des postures de la pensée ou de l'affect, elle est toujours foncièrement différente, car jamais récupérée par le sens, c'est-à-dire par cette socialité superficielle du langage qui suppose une série d'effets corrupteurs : clins d'œil, complaisance à soi et aux autres, vulgarité. La musique semble dire, réfractées positivement dans une langue nouvelle, les impossibilités de la nôtre. D'abord, elle nous désapprend le réel qu'elle désarticule sous l'effet de nouveaux découpages ; elle dépossède l'énonciation (et notamment la voix) de son lieu ordinaire ; en un mot elle fait descendre la parole dans l'intraduisible : en nous alors s'ébranle tout l'édifice du Sens appris tandis que vacillent les droits usuels de la langue.

Il est sans doute bienfaisant de se transporter dans une vision des différences irréductibles que peut nous suggérer, par lueurs, le champ musical. Celui-ci, par son ouverture apparente et par sa possibilité de ressassement infini, plonge dans le romanesque intégral puisque écouter cet entrelacs de sons, c'est saisir une psychologie en actes sans en comprendre exactement le détail, sans pourvoir cette intrication de lignes sonores d'une signification inexorable[10]. Les premières apparences de l'écoute musicale seraient donc les suivantes : lorsque j'écoute tel trio de Schubert ou telle pièce brève de Webern, je saisis, dans la confusion du sens exact, des succédanés de la logique du réel, des mouvements sans corps, des affects sans support, j'aperçois un paysage que la raison langagière ne peut à aucun prix ni deviner ni atteindre. De surcroît, je m'avance dans une sphère dont la complexité n'a pas de commune mesure avec la linéarité sans appel de ma pensée ou de ma langue. Nombre de compositions sont tissées de précautions, de silences, de reprises, de retards, d'insistances, de suspensions dont le volume final finit par faire de la musique perçue une grande enveloppe vide de sens ; même si chacune de ses parties a la consistance d'un noyau plein, même si, sur le moment, je saisis et vis de l'intérieur le passage de l'une à l'autre, l'audition rétrospective (serait-ce là le propre de tous les arts de l'instant ?) ne me semble plus être qu'une manière de dilution, d'hémorragie de l'affect dans un langage sans mots, parcellé, particulé, diffracté jusqu'au vide.

Ainsi dans toute musique l'imitation reste contingente ; la fonction d'une phrase musicale n'est pas de représenter, elle est de constituer un spectacle sonore qui reste somme toute très énigmatique, mais qui ne saurait être d'ordre mimétique. La réalité d'une séquence musicale n'est pas dans la suite naturelle des actions qui la composent (citons l'enchaînement apparent de la sonate op. 81a de Beethoven intitulée *Les Adieux*-

*l'absence-le retour*), mais dans la logique tonale qui s'y expose, s'y risque, s'y satisfait. Ce qui se passe, dans le récit musical, n'est jamais du point de vue référentiel, ce qui arrive, c'est le langage musical seul, l'aventure de ce langage dont la venue ne cesse jamais d'être fêtée. La musique, pour citer Mallarmé, « montre la *succession des extérieurs de l'acte* sans qu'aucun moment garde réalité et qu'il se passe, en fin de compte, rien[11] ».

Une question se pose : écouter, disait Plutarque, c'est extrapoler, c'est retenir des bribes de sens. Or que retient-on d'une écoute musicale ? A la lettre, rien, c'est-à-dire peut-être le souvenir d'affects révolus et à la rigueur une petite phrase. S'il est possible en une pensée synoptique de redire tout le contenu d'un discours entendu ou d'expliquer l'argument d'une tragédie, on ne peut raconter un concert. On peut, entre spécialistes, gloser tel doigté, expliquer au piano une trouvaille qui nous a séduit dans l'interprétation de la veille, mais on est à jamais condamné à la bribe, au détail significatif, à l'anecdote. Nul doute : en apparence, la musique ne se retient pas comme le discours. Aucune pensée, fût-elle « supersonique », ne peut être assez forte pour embrasser la totalité du discours musical. Autrement dit, l'écoute, mue par le seul sentiment de l'utilité, en serait donc vaine, car circonscrite à un plaisir tout passif, irrémédiablement transitoire.

Naturellement, cette impression est erronée. Cela tient au statut respectif de l'animé et l'inanimé au sein de la sphère musicale. Alors que la conscience de ce temps s'essouffle à décréter la « vie », la « réalité » dans toutes les productions de l'esprit ou de la matière, la structure même de la musique de ce temps ramène ou retient apparemment le son dans sa qualité de produit, de signe coupé de l'alibi référentiel par excellence : celui de l'existence, de la chose vivante, du drame « psychologique ». Ainsi alors qu'il est déjà difficile de créditer d'un sens (fût-il logique[12]) les productions de la musique ancienne ou « romantique », il devient foncièrement impossible — en apparence — de donner une signification à certaines œuvres qui ont élu domicile dans la singularité et dans la brièveté d'un son ténu (ainsi des formes brèves à la Schönberg qui travaillent plus sur la qualité de l'émission sonore, sur cette valeur surérogatoire qui abrite le son — le *phrasé* par exemple — que sur le *continuum* tonal ou le nappé sonore).

Porté donc par cette masse bruissante des sons, qui constitue une protection délicieuse contre toutes les aliénations sémantiques, je vis comme dans une langue inconnue, dont je saisis pourtant la respiration et l'aération émotive. Sa pure signifiance (qui n'est pas signification) m'entraîne dans un léger vertige, dans un vide artificiel qui ne s'accomplit que pour moi : je vis dans l'interstice, débarrassé de tout sens plein[13]. Plutarque n'eût peut-être pas aimé cette perte du sens car elle lui aurait semblé fort éloignée du principe de l'écoute philosophique. Peut-être même que le genre épidictique, décrié par lui, lui eût paru plus musical que la philosophie même. Pourtant, en admirateur de Pindare et en lecteur de Platon, Plutarque savait que les séductions des sophistes, parfois entachées de mensonge, n'avaient aucune commune mesure avec l'harmonie désintéressée des citharèdes ou des flûtistes car celle-ci (à condition qu'elle fût dépourvue de vanité virtuose) était sans doute la préfiguration de l'au-delà. Il savait que la musique ne mentait pas et — condition nécessaire d'une modestie si favorable à l'écoute — que jamais *elle ne se supposait*. Cette neutralité est sans doute le plus beau cadeau que les musiciens sans complaisance puissent faire aux orateurs et à ceux qui les écoutent.

Pierre Maréchaux

# NOTES

1. *Les Caractères,* « De la société et de la conversation », 16.

2. *Comment écouter,* 4.

3. Paris, Seuil, « Écrivains de toujours », 1975, p. 174.

4. *Theatrum veterum rhetorum, oratorum, declamatorum quos in Græcia nominabant σοφίστα.* Paris, S. Cramoisy, 1620, p. 91.

5. *Ibid.,* p. 239.

6. Chez Cicéron et Quintilien, l'*inuentio* consiste à chercher des idées et à les relier logiquement entre elles en construisant un schème argumentatif ; l'*elocutio* est la faculté de superposer à l'idée simple une figure de rhétorique qui l'embellit ou l'affine. Elle constitue la « dernière main » de l'éloquence.

7. *Comment écouter,* 18.

8. Car si la musique est apparemment un art de la fuite, elle est en réalité le temps libéré de la temporalité.

9. *Comment écouter,* 6.

10. Certes, on a souvent voulu souligner le mimétisme amusé du pittoresque dans les œuvres baroques ou dans les productions du romantisme. Même si l'on retrouve dans la *2e Ballade* de Liszt le canevas d'un poème de Musée, même si *Scarbo* de Ravel est une transsubstantiation d'Aloysius Bertrand, ces œuvres à la lettre n'ont aucune signification. Seuls des éléments fortement référenciés (« coucou » de la *Symphonie pastorale*, « poule » de Rameau, « cabane sur pattes » de Moussorgsky, « zéphirs » d'*Atys*, etc.) ont la vocation d'*effets de réel*, mais ils parlent surtout à l'imagination, c'est-à-dire fondent leur sens apparent sur une possibilité d'être reconnus ou non par l'auditeur.

11. « Crayonné au théâtre », dans *Œuvres complètes*, Paris, Pléiade, p. 296.

12. En effet, il est aisé de calquer sur la composition musicale les différentes parties de la rhétorique aristotélicienne ou cicéronienne. Du point de vue de l'*inuentio*, par exemple, on décèle dans la grammaire de J.-S. Bach de véritables syllogismes musicaux. De la même façon, l'*elocutio* musicale emprunte à la tropologie rhétorique son arsenal de figures : *hypotyposes* de la *sonate op. 106* de Beethoven, *anaphores* de la *2e sonate* de Prokofieff, etc.

13. Pourtant l'écoute musicale n'est pas seulement affaire d'intuition ou de sensation

indéfinies. Écouter, c'est structurer inconsciemment ou non l'ordre des sons. En effet, l'œuvre, sans jamais être le fruit d'une démarche aveugle, vit sous le double signe de l'analogie et de la différence. C'est grâce à l'analogie que l'auditeur peut se repérer dans la progression de l'œuvre, c'est grâce à la différence qu'il peut suivre et capter cette progression.

# Table

## Rivages poche /Petite Bibliothèque
## Collection dirigée par Lidia Breda

Giorgio Agamben
*Stanze* (n° 257)

Anonyme chinois
*Les Trente-Six Stratagèmes* (n° 152)

Apulée
*Le Démon de Socrate* (n° 110)

Hannah Arendt
*Considérations morales* (n° 181)

L'Arétin
*Sonnets luxurieux* (n° 192)

Aristote
*L'Homme de génie et la Mélancolie* (n° 39)
*Rhétorique-Des passions* (n° 40)
*Éthique à Eudème* (n° 129)
*La Vérité des songes* (n° 162)

Marc Augé
*L'Impossible voyage* (n° 214)

Barbey d'Aurevilly
*Du dandysme et de George Brummell* (n° 233)

Bruce Benderson
*Pour un nouvel art dégénéré* (n° 259)

Boèce
*Consolation de la philosophie* (n° 58)

Georg Büchner
*Lenz* (n° 244)

Casanova
*Mon apprentissage à Paris* (n° 252)

Madame du Châtelet
*Discours sur le bonheur* (n° 221)

Chesterfield
*Lettres à son fils* (n° 99)

Christine de Suède
*Maximes* (n° 200)

Tullia d'Aragona
*De l'infinité d'amour* (n° 210)

Thérèse d'Avila
*Le Château intérieur* (n° 248)

Madame du Deffand
*Lettres à Voltaire* (n° 139)

Erri De Luca
*Un nuage comme tapis* (n° 176)
*Rez-de-chaussée* (n° 191)

Maître Eckhart
*Du détachement* (n° 143)

Umberto Eco - Cardinal Martini
*Croire en quoi ?* (n° 238)

Épictète
*Manuel* (n° 132)

Euripide - Sénèque
*Médée* (n° 211)

Ennio Flaiano
*Journal des erreurs* (n° 275)

Sigmund Freud - Stefan Zweig
*Correspondance* (n° 166)

Witold Gombrowicz
*Cours de philosophie en six heures un quart* (n° 171)

Baltasar Gracián
*L'Art de la prudence* (n° 116)

Hésiode
*Théogonie, la naissance des dieux* (n° 83)

Hippocrate
*Sur le rire et la folie* (n° 49)
*Airs, eaux, lieux* (n° 174)

Jahiz
*Éphèbes et courtisanes* (n° 231)

Jean
*Apocalypse* (n° 165)

Jean Paul
*Être là dans l'existence* (n° 239)

Hans Jonas
*Le Concept de Dieu après Auschwitz* (n° 123)
*Le Droit de mourir* (n° 196)
*Pour une éthique du futur* (n° 235)

Stephen Karcher
*Yi king* (n° 247)

Søren Kierkegaard
*Johannes Climacus*, ou *Il faut douter de tout* (n° 223)

Pierre Klossowski
*La Monnaie vivante* (n° 230)

Karl Kraus
*La Littérature démolie* (n° 92)

Madame de Lambert
*De l'amitié* (n° 268)

Giacomo Leopardi
*Philosophie pratique* (n° 258)

Emmanuel Levinas
*Quelques réflexions sur la philosophie de l'hitlérisme* (n° 226)
*Éthique comme philosophie première* (n° 254)

Georg C. Lichtenberg
*Pensées* (n° 283)

Lie Zi
*Du vide parfait* (n° 263)

Longin
*Du sublime* (n° 105)

Lucien
*Philosophes à vendre* (n° 72)

Montaigne
*De la vanité* (n° 63)

Montesquieu
*Essai sur le goût* (n° 96)

André Morellet
*De la conversation* (n° 169)

Friedrich Nietzsche
*Dernières lettres* (n° 70)

Ortega y Gasset
*Le Spectateur* (n° 80)

Ovide
*Amours* (n° 202)

Martin Palmer
*Le Taoïsme* (n° 222)

Pascal
*Pensées sur la politique* (n° 75)

Fernando Pessoa
*Fragments d'un voyage immobile* (n° 42)
*Lettres à la fiancée* (n° 43)

Pétrarque
*Mon secret* (n° 52)
*La Vie solitaire* (n° 266)

Plutarque
*Comment tirer profit de ses ennemis* (n° 103)
*Comment écouter* (n° 150)

Karl Popper
*Des sources de la connaissance et de l'ignorance* (n° 241)

Félix Ravaisson
*De l'habitude* (n° 208)

Lalla Romano
*J'ai rêvé de l'Hôpital* (n° 272)

Jean-Jacques Rousseau
*Émile et Sophie* (n° 127)

Karl Gottlob Schelle
*L'Art de se promener* (n° 187)

Arthur Schnitzler
*Lettres aux amis* (n° 45)
*Relations et solitudes* (n° 51)
*La Transparence impossible* (n° 68)

Gershom Scholem
*Benjamin et son ange* (n° 158)

Schopenhauer
*Douleurs du monde* (n° 57)
*Essai sur le libre arbitre* (n° 66)
*Contre la philosophie universitaire* (n° 113)

Sénèque
*De la tranquillité de l'âme* (n° 48)
*De la brièveté de la vie* (n° 53)
*Consolations* (n° 60)

Georg Simmel
*Philosophie de l'amour* (n° 55)
*La Tragédie de la culture* (n° 86)
*Michel-Ange et Rodin* (n° 180)

Marina Tsvétaïéva
*Après la Russie* (n° 89)

Janwillem Van de Wetering
*Un éclair d'éternité* (n° 278)

Xénophon
*L'Économique* (n° 145)

Jacques-Gilbert Ymbert
*L'Art de faire des dettes* (n° 193)

Yogīndu
*Lumière de l'Absolu* (n° 281)

## Rivages poche / Bibliothèque étrangère

Harold Acton
*Pivoines et poneys* (n° 73)

Sholem Aleikhem
*Menahem-Mendl le rêveur* (n° 84)

Jessica Anderson
*Tirra Lirra* (n° 194)

Reinaldo Arenas
*Le Portier* (n° 26)

James Baldwin
*La Chambre de Giovanni* (n° 256)

Quentin Bell
*Le Dossier Brandon* (n° 102)

Stefano Benni
*Baol* (n° 179)

Ambrose Bierce
*Le Dictionnaire du Diable* (n° 11)
*Contes noirs* (n° 59)
*En plein cœur de la vie* (n° 79)
*En plein cœur de la vie*, vol. II (n° 100)
*De telles choses sont-elles possibles ?* (n° 130)
*Fables fantastiques* (n° 170)
*Le Moine et la fille du bourreau* (n° 206)

Elizabeth Bowen
*Dernier Automne* (n° 265)

Paul Bowles
*Le Scorpion* (n° 3)
*L'Écho* (n° 23)
*Un thé sur la montagne* (n° 30)

Emily Brontë
*Les Hauts de Hurle-Vent* (n° 95)

Robert Olen Butler
*Un doux parfum d'exil* (n° 197)
*Étrange Murmure* (n° 270)

Walter de la Mare
*L'Amandier* (n° 108)
*Du fond de l'abîme* (n° 141)
*À première vue* (n° 219)

Daniele Del Giudice
*Le Stade de Wimbledon* (n° 209)

Erri De Luca
*Une fois, un jour* (n° 119)
*Acide, arc-en-ciel* (n° 201)
*En haut à gauche* (n° 251)

Alfred Döblin
*L'Assassinat d'une renoncule* (n° 25)

Heimito von Doderer
*Un meurtre que tout le monde commet* (n° 14)

Michael Dorris
*Un radeau jaune sur l'eau bleue* (n° 121)

John Meade Falkner
*Le Stradivarius perdu* (n° 153)

Eva Figes
*Lumière* (n° 5)

Richard Ford
*Rock Springs* (n° 220)

Mavis Gallant
*Les Quatre Saisons* (n° 82)
*Voyageurs en souffrance* (n° 175)
*L'Été d'un célibataire* (n° 205)
*Chroniques de Mai 68* (n° 246)

Jane Gardam
*La Dame aux cymbales* (n° 276)

William Gass
*Au cœur du cœur de ce pays* (n° 146)

Kaye Gibbons
*Ellen Foster* (n° 4)
*Une femme vertueuse* (n° 31)

Barry Gifford
*Les Vies parallèles de Jack Kerouac* (n° 81)
*Paysage avec voyageur* (n° 133)

Lars Gustafsson
*Musique funèbre* (n° 135)
MacDonald Harris
*La Valise de Hemingway* (n° 149)
Christopher Isherwood
*Le Condor* (n° 28)
Henry James
*Mémoires d'un jeune garçon* (n° 27)
*Owen Wingrave* (n° 36)
*Le Dernier des Valerii* (n° 62)
*Un épisode international* (n° 97)
Diane Johnson
*Nuits persanes* (n° 185)
Elizabeth Jolley
*L'Héritage de Miss Peabody* (n° 87)
*Tombé du ciel* (n° 131)
*Foxybaby* (n° 161)
*Le Puits* (n° 282)
Barbara Kingsolver
*L'Arbre aux haricots* (n° 224)
*Les Cochons au paradis* (n° 242)
Rudyard Kipling
*Le Miracle de saint Jubanus* (n° 85)
Fatos Kongoli
*Le Paumé* (n° 271)
Mirko Kovač
*La Vie de Malvina Trifković* (n° 111)
Gavin Lambert
*Le Crime de Hannah Kingdom* (n° 104)
Ella Leffland
*Rose Munck* (n° 134)
David Lodge
*Jeu de société* (n° 44)
*Changement de décor* (n° 54)
*Un tout petit monde* (n° 69)
*La Chute du British Museum* (n° 93)
*Nouvelles du Paradis* (n° 124)
*Jeux de maux* (n° 154)

Umberto Saba
*Couleur du temps* (n° 6)
*Comme un vieillard qui rêve* (n° 17)

Lisa Saint-Aubin de Terán
*Les Jours de l'Orénoque* (n° 90)

John Saul
*Baraka* (n° 142)
*De si bons Américains* (n° 183)
*Mort d'un général* (n° 216)

Karel Schoeman
*En étrange pays* (n° 249)

Budd Schulberg
*Un homme dans la foule* (n° 76)
*Le Désenchanté* (n° 77)
*Le Visage de Hollywood* (n° 156)

Carl Seelig
*Promenades avec Robert Walser* (n° 65)

Carol Shields
*Swann* (n° 126)
*La République de l'amour* (n° 160)

Jane Smiley
*Portraits d'après nature* (n° 148)
*L'Exploitation* (n° 199)
*Un appartement à New York* (n° 218)
*Moo* (n° 277)

Natsumé Sôseki
*Oreiller d'herbes* (n° 2)
*Clair-obscur* (n° 22)
*Le Voyageur* (n° 122)

Elizabeth Spencer
*Nouvelles du Sud* (n° 188)

Tilman Spengler
*Le Cerveau de Lénine* (n° 151)

Robert Louis Stevenson
*Fables* (n° 20)
*La Magicienne* (n° 34)
*Olalla* (n° 56)

Italo Svevo
*Le Destin des souvenirs* (n° 12)

Paco Ignacio Taibo II
*Le Rendez-vous des héros* (n° 204)

Elizabeth Taylor
*Angel* (n° 41)
*Mrs. Palfrey, Hôtel Claremont* (n° 67)
*Cher Edmund* (n° 98)
*Noces de faïence* (n° 125)
*Une saison d'été* (n° 155)
*La Bonté même* (n° 190)
*Le Papier tue-mouches* (n° 250)
*Une partie de cache-cache* (n° 273)

Gore Vidal
*Un garçon près de la rivière* (n° 269)

Alberto Vigevani
*Le Tablier rouge* (n° 136)
*Un été au bord du lac* (n° 195)

Evelyn Waugh
*Trois Nouvelles* (n° 138)

Fay Weldon
*Copies conformes* (n° 128)

Paul West
*Le Médecin de Lord Byron* (n° 50)

Rebecca West
*Femmes d'affaires* (n° 167)

Joy Williams
*Dérapages* (n° 120)

Tim Winton
*Cet œil, le ciel* (n° 225)
*La Femme égarée* (n° 262)

Banana Yoshimoto
*N•P* (n° 274)

Evguéni Zamiatine
*Seul* (n° 16)
*Le Pêcheur d'hommes* (n° 19)

Achevé d'imprimer sur rotative
par l'Imprimerie Darantiere à Dijon-Quetigny
en septembre 1999

Dépôt légal : février 1995
N° d'impression : 99-0982

4e édition